Theo von Taane

Pokémon GO
Das Witzebuch

Zwischen Autor dieses Buches und Nintendo bzw. den Machern von Pokémon oder einer deren Tochterunternehmen besteht keinerlei Verbindung. Dieses Buch ist durch die Macher von Pokémon / Pokémon GO oder eine deren Tochterunternehmen weder genehmigt, noch unterstützt und auch nicht mit diesen Parteien in irgendeiner Weise verbunden.

Bibliografische Information der Deutschen Nationalbibliothek:
Die Deutsche Nationalbibliothek verzeichnet diese Publikation in der Deutschen Nationalbibliografie; detaillierte bibliografische
Daten sind im Internet über http://dnb.dnb.de abrufbar.

© *2016 Theo von Taane; 2. Auflage*

Herstellung und Verlag: BoD – Books on Demand, Norderstedt

ISBN: 9783741267147

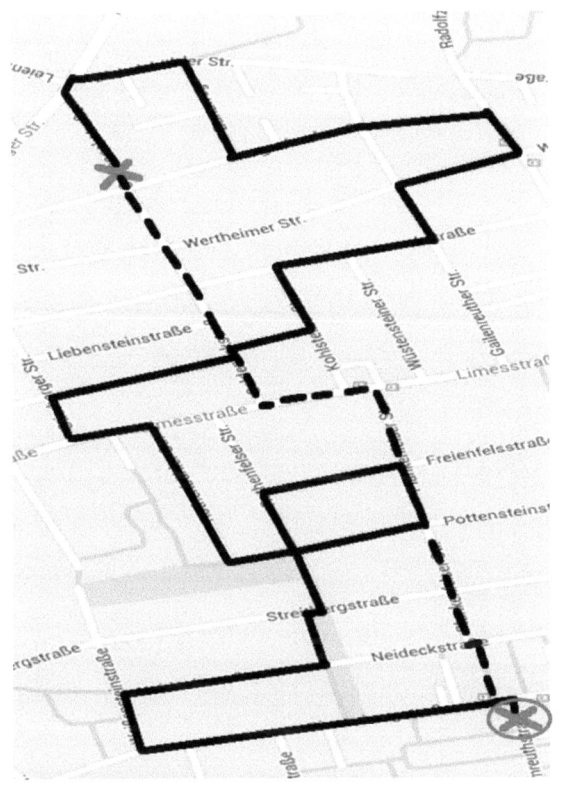

▬▬▬ = Zur Schule gehen mit Pokémon GO

▬ ▬ ▬ = Zur Schule gehen ohne Pokémon GO

Eine häufige Entschuldigung fürs Zuspätkommen, die Lehrer derzeit zu hören bekommen:

„Ja, ich bin zu spät. Entschuldigung. Aber ich bin in hohem Gras von einem Pokémon angegriffen worden."

-

1996: „Immer nur den ganzen Tag Pokémon spielen. Hör auf damit und geh mal raus!"

2016: „Immer nur den ganzen Tag Pokémon spielen. Hör auf damit und komm jetzt rein!"

-

Pokémon GO spielen ist:

...wenn du feststellst, dass es Nacht geworden ist und du die Gegend nicht kennst.

...wenn du versuchst zu schlafen, aber es hält sich immer noch ein seltener Pokémon außerhalb deines Hauses auf.

—

Hatte gleich heute Morgen eine Pokémon Figur gefangen. Die riss sich aber los, trat mir gegen das Schienbein und behauptete sie sei **nicht** Rossana.

—

Sprecher der öffentlichen Verkehrsbetriebe: "Pokémon GO ist für uns nichts Neues. Catch'em all –

das spielen unsere Kontrolleure schon seit Jahrzehnten."

-

Einen Satz, den man von Pokémon GO besessenen Autofahrern in letzter Zeit immer öfters hört:

„Lass uns mal da hinten parken, dann müssen wir mehr laufen."

-

Pokémon Master

Ich: *gerade mein Zeug in einen Rucksack packend* „Okay Mutti, ich verlasse jetzt das Haus! Ich kann dir nicht sagen, wann ich je wieder zurück sein werde."

Mutter: „Warte!! Wohin gehst du?"

Ich: *mit dramatischen Ausdruck ihr in die Augen schauend* „Ich gehe los, um ein Pokémon Meister zu werden."

-

Überschriften aus Zeitungen und Nachrichten die es bzgl. Pokémon GO wirklich gegeben hat:

1. Herr Ober, da ist ein Schiggy in meiner Suppe!

2. Polizei gerufen – Eier auf hunderte von Pokémon GO Spieler geworfen.

3. Was man machen kann, wenn Pokémon GO entschieden hat, dass dein Haus eine Arena ist.

4. Erwachsener schummelt bei Pokémon GO durch Gebrauch einer Drohne!

5. Mann fiel in einen Teich, während er Pokémon GO spielte.

6. Trio wurde auf einen Friedhof eingeschlossen, während es Pokémon GO spielte.

-

Wie du aussiehst, wenn Pokémon GO dir mitteilt, dass ein Pokémon in der Nähe sein soll, du nach draußen gehst, aber nichts findest:

So sieht man nach nur einem Monat Pokémon GO spielen aus:

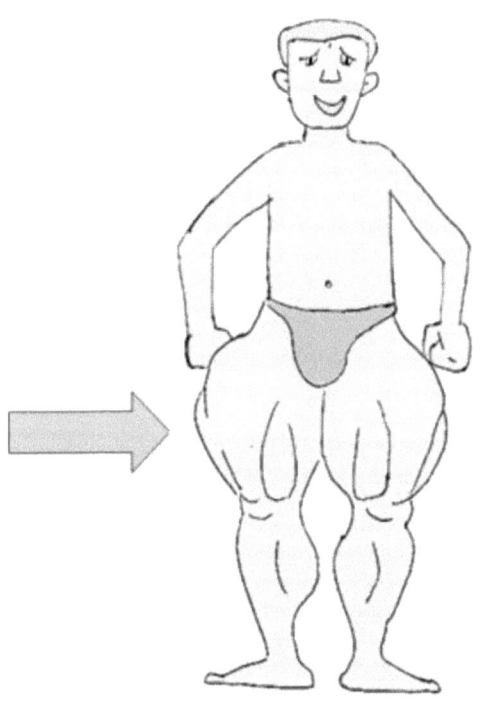

-

Bin aufgestanden.

Habe mir die Zähne geputzt und mich gewaschen.

Habe gefrühstückt.

Bin nun bereit das Haus zu verlassen.

Warte, bis die Pokémon GO Servers nicht mehr down sind.

-

Mädchen: „Pff...Pokémon spielen ist einfach nur kindisch. Du bist ein Nerd."

Darauf öffnet sie Whats App und wählt für ihr Profilbild ‚Hello Kitty' aus.

Warum bist du immer so beschäftigt?
Warum antwortest du mir nicht mehr?

Wenn du ein Mädchen triffst, dass das Folgende trägt…

…heirate sie!

-

Nintendos unglaubliche Wandlung!

2008: „Iphone, was ist das?"

2010: „Android? Kommen jetzt die Roboter?"

2012: „Zzzzzzzz"

2014: „Zzzzzzzz"

2016: Pokémon GO veröffentlicht. <u>Nintendo ändert, wie die Gesellschaft funktioniert!</u>

-

An der Front

Soldat: „Halt! Keinen Schritt weiter, ab hier ist Kriegsgebiet!"

Ich: „Mew ist in der Nähe!"

Soldat: „OK, ich gebe dir Deckung!"

So siehst du aus, wenn jeder über Pokémon postet, aber du es nicht kannst, weil du keine 10 mehr bist und Scheiße zu tun hast:

—

Ich möchte so gern Pokémon GO spielen,

aber ich habe ein Windows Smartphone!!!!

—

Warte!
Es ist gefährlich draußen

Nimm einen von diesen hier mit :

Eine neu durchgeführte Studie belegt:

Die deutsche Wirtschaft ist dabei die Digitalisierung zu verschlafen. 98% der Unternehmen haben noch keine Pokémon GO Strategie!

-

Habe leider keine Einladung zu der VIP-Party. Versuche jetzt mit Verweis auf Pokémon GO Zutritt zu erhalten..

-

Ein Zeichen, welches man mittlerweile vor immer mehr Läden und Einrichtungen findet:

-

Tausende Menschen ertrunken im Ozean gefunden.

Sie haben alle nach LUGIA gesucht.

-

Umbre<u>on</u>   Umbre<u>off</u>

Frage: Was machst du, wenn dein Knofensa sich entwickelt?

Antwort: Du kaufst dir eine größere Gießkanne.

-

-

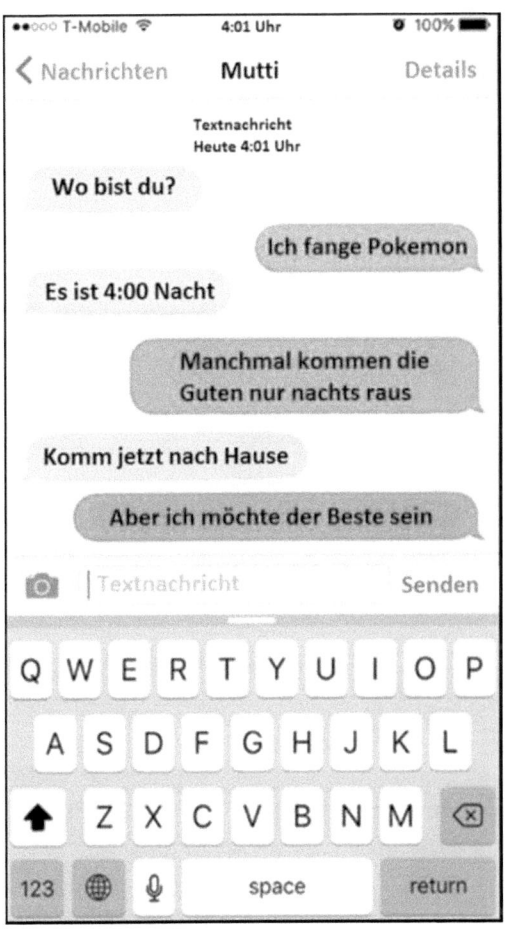

-

So sollte es sein:

Lehrer: "Hey, nicht in den Gängen rennen!"

Ich: "Aber da ist ein Glurak auf dem Klo!!!"

Lehrer: "Heilige Scheiße, na dann los!"

—

Frage: Welcher Pokémon könnte auch ein Pirat sein?

Antwort: Arrrrrr-kani

—

„Super, schau doch mal, ich habe einen Pokémon gefangen."

„Mensch, lass sofort den Hamster wieder los!"

—

Frage: Welches ist ein beliebter Ort in Frankreich, wo Pokémon Fans gerne hingehen?

Antwort: Paras!

—

Frage: Welcher Pokémon wird dich pieken?

Antwort: **Pik**achu

—

Frage: Weißt du, wie ich Poker spiele?

Antwort: Mit meinen **Poker**-mon Karten!

—

Doktor: „Gönnen sie sich auch genügend Ruhepausen?"

Ich: „Ich spiele Pokémon GO."

Doktor: „Ein einfaches ‚nein' würde genügen."

Seltsam lustige Pokémon GO Beobachtungen:

- Da liegt ein toter Vogel auf den Stufen meines Hauseingangs, ist das so, wenn man Pokémon GO spielt?

- Nach dem ersten Tag Pokémon GO spielen:
„Warum tun meine Beine so weh?"
„Weil du sie bisher nicht gebraucht hattest."

- Tipp: Halte ihre Hand mit deiner Linken, so kannst du weiterhin Pokémon GO mit der Rechten spielen.

- Letztendlich gibt es eine App, die dich vor nicht sichtbaren Monstern warnt, aber anstelle ein wirklich sinnvolles Tool zu sein, ist es nur Pokémon GO.

- Lasst uns bitte alle probieren, nicht die erste Person zu sein, die von einer Klippe fällt, während diese Pokémon GO spielt.

- Überdenke, ob es die richtige Beziehung für dich sein kann, wenn dir deine Partnerin beim ersten Treffen erzählt, dass sie Bisasam als Start in Pokémon GO gewählt hat.

- *Ein Monat nach Spielen von Pokémon GO*

Doktor: „Haben sie auch genügend Sport gemacht?"
Ich: „Ich spiele Pokémon GO."
Doktor: *notiert sich:* Fit wie ein Turnschuh

- Mein Kumpel Peter ist so ein großer Pokémon GO Fan, dass wenn er der einzige Überlebende eines nuklearen Krieges wäre, er dies eine Woche lang nicht merken würde, weil er die ganze Zeit Pokémon GO spielen würde.

- Pokémon GO ist gerade dabei bis zu 25 Autounfälle in 2016 zu verursachen.

- Pokémon GO könnte das Ende für den einen oder anderen Pokémon Spieler bedeuten. Du könntest ertrinken, während der Bademeister mit dem Fangen von Pokémons beschäftigt ist.

- Ein Kind spielte Pokémon GO und sah mich (30 Jahre alt) Pokémon spielen und er hatte dabei einen Horrorausdruck, der so etwas aussagte wie: "Lass das sein, du bist zu alt. Das ist mein Spiel."

- Du kannst Bekannten, die du nicht magst das Pokémon GO spielen vermiesen, indem du ihnen sagst, dass es sich bei Pokémon GO um ein geheimes Überwachungstool der Regierung handelt, welches zum

Ziel hat, jeden Spieler auszuspionieren.

- Also im Vergleich mit früheren Spielen könnte man sagen, dass Pokémon GO für dickliche Nerds das gebracht hat, was 2006 „Dance Revolution" für dickliche Nerds war?

- Ich bin jetzt an einem Punkt angelangt, wo ich nach Möglichkeiten suche, wie man Pokémon GO so hacken kann, dass Pokémon GO denkt, dass ich mich draußen bewege, aber stattdessen zu Hause bin.

-

Frage: Wie entführt man heutzutage einen 25 jährigen?

Antwort: Der Entführer schreibt in großen Buchstaben auf seinen Wagen, dass sich seltene Pokémons in seinem Wagen aufhalten.

-

Priester: „Hallo sie da! Warum rennen sie mitten in diese Beerdigung rein?"

Ich: „Es gibt hier einen Aerodactyl!"

Stimme aus dem Sarg: "Mach keinen Scheiß, wirklich?"

-

„Oberschule? Was ist das? Ich verließ die Schule, als ich 10 war, um Pokémon-Meister zu werden."

-

1996: „Ich wette, dass wir in 20 Jahren Krebs heilen können, auf dem Mond leben und den Weltfrieden haben.

2016:

-

Wie man Hausarbeiten in Pokémon umwandelt:

Hausarbeiten

Hausarbeite

Hausarbeit

Hausarbei

Hausarbe

Hausarb

Hausar

Hausa

Haus

Hau

Ha

H

P

Po

Pok

Poké

Pokém

Pokémo

Pokémon

-

Konflikt bei vielen Pokemon GO Trainerinnen in den Sommermonaten:

„Wenn ich einen Bikini trage, wo soll ich dann die Pokéballs hintun?"

-

Habe mir Pokémon GO geladen

Breche in die Area 51 ein

Soldat: "Halt! Das ist hier Staatseigentum! Zutritt verboten"

Ich: "Wo verdammt, haltet ihr Mewtu versteckt?"

-

Frage: Was will ein Voltobal beim Bäcker?

Antwort: Rumkugeln

-

Im Bewerbergespräch

Personalchef: „Warum möchten sie für uns arbeiten?"

Bewerber: „Es gibt einen Lavados hier."

Personalchef: *schwer atmend und schwitzend* „Wo?"

-

Frage: Was wiegt 1,7 kg, sitzt auf einem Ast und ist gefährlich?

Antwort: Ein Taubsi mit einer Pistole.

-

Frage: Worin unterscheidet sich ein Dodri?

Antwort: Beide Beine sind gleich lang, vor allem das Linke.

-

Alle Kinder sind psychisch normal. Nur nicht Simon, der hält sich für ein Pokémon.

-

Frage: Wann sagt Pikachu „Guten Morgen?"

Antwort: Wenn es Deutsch gelernt hat!.

-

Frage: Worin unterscheidest du dich von einem Abra?

Antwort: Du nimmst nicht automatisch die Anwesenheit von sich nähernden Gefahren (Lehrern) wahr, wenn du im Unterricht schläfst.

-

Mutter: „Andreas, komm doch mal her."

Ich: „Kann jetzt nicht, ich spiele gerade Pokémon GO."

Mutter: „Da ist ein Glurak im Hinterhof"

Ich:

—

Nintendo reagiert auf die häufigen Ausfälle ihrer Server und stattet wichtige Wegepunkte mit echten Hinweisschildern aus.

—

Rollt ein Lektrobal aus dem Haus und fällt um.

—

Pokémon GO

Tag 1   Tag 60

-

Alltag für Pokémon GO Fans im Flugzeug:

Ich: *öffne Notausstieg mitten im Flug*

Flugbegleiterin: „Was zur Hölle machen sie da? Versuchen sie uns alle zu töten?"

Ich: „Sie verstehen nicht! Zapdos erschien gerade!!!" *einen Fallschirm anziehend*

-

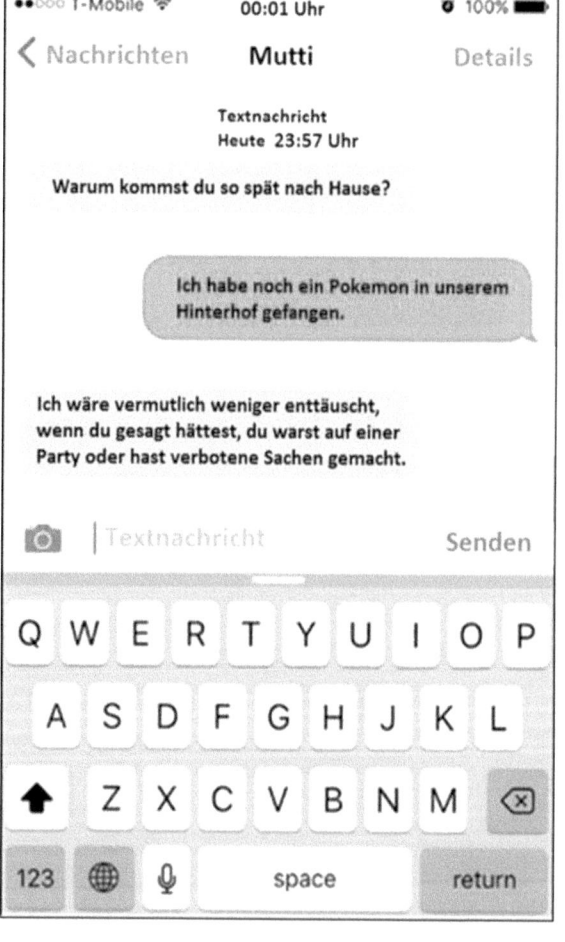

Butterfree

Normal

Was die Kids über Evolution wissen

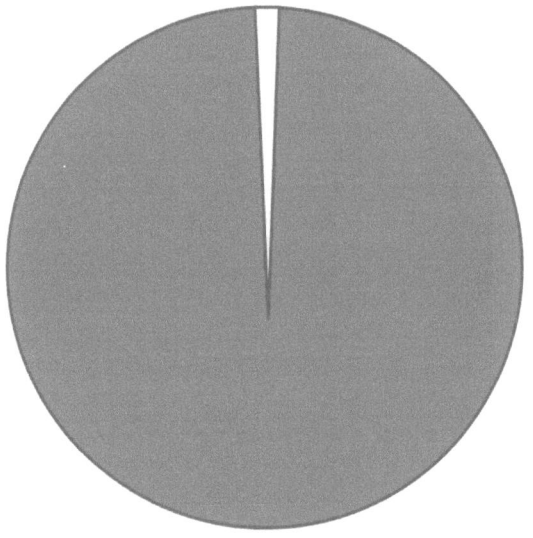

☐ = Natürliche Selektion nach Darwin

▣ = Stärkere Pokemon

Wollte Feuerpokémon ärgern.
War dumme Idee...

–

Wie gut kennst du Pokémon?

Eine der beiden folgenden Kreaturen ist nicht Pikachu. Welche ist es?

–

Pokémon GO bedeutet, die ganze Zeit mit dem Handy herumzurennen und skurrile kleine Monster an jeder Straßenecke aufsammeln.

Das ist eigentlich wie bei Tinder.

Typischer Tagesablauf eines Pokémon GO Fans:

„Jetzt sehe ich meine Zukunft klar vor mir. Wozu das Abi machen? Ich werde ein Pokémon GO Meister!"

-

-

Freundin: „Hast du gestern Abend eigentlich zu viel getrunken?"

Ich: „Nein, habe ich nicht. Wieso fragst du?"

Freundin: „Mitten in der Nacht hast du meinen Hamster aus dem Fenster geworfen und dabei gerufen... Pikachu ich wähle dich!"

-

Neue deutschlandweite Maßnahme zur Bildungsförderung von Schülern gestartet. Es wurden jetzt Pokéstops in allen Schulbibliotheken eingerichtet.

—

—

Alle Pokémon fanden das Essen lecker, nur nicht Sleima, das hängt über dem Eimer.

—

Menge an Personen, die Pokémon Go spielen

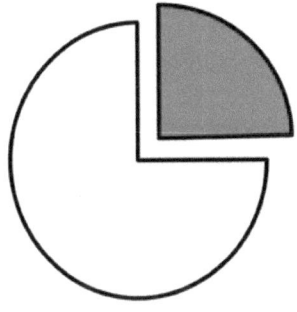

▨ Fans von Pokémon Go
☐ Leute, die nur mit dem Trend gehen

—

Peter: „Yippie, ich habe einen Pokémon gefangen."

Mutter: „Ja, aber die Nachbarn haben mich gerade angesprochen. Sie möchten jetzt gerne ihre Katze wieder zurück."

-

-

„Pokémon ist dank Pokémon GO wieder in. Besteht dann auch eine Chance, dass ich mit meiner Diddl-Sammlung im Keller noch reich werden kann?"

In der Verkehrskontrolle

Polizist: „Ist ihnen eigentlich bewusst, wie schnell sie gefahren sind???"

Autofahrer: „Nein, Herr Polizist, ich war nur gerade dabei ein Glurak zu fangen."

Polizist: „Also ein Notfall, warum sagen sie das nicht gleich?!"

„Ich habe meinen Hund ‚Pokémon GO' genannt. So kann ich sagen, dass ich ‚Pokémon GO' spiele, ohne die verdammte App herunterladen zu müssen."

Die Eröffnung des ersten Pokéstops in der Umgebung von drei Dörfern, führte zu einer tumultartigen Belagerung des Versorgungspunktes durch die ansässigen Pokémon GO Fans.

Ende

Weitere Bücher von Theo von Taane:

Titel	ISBN
Minecraft Witzebuch	9783738612332
Minecraft Witzebuch 2	9783739211206
Minecraft LOL Witze	9783739211305
Minecraft Witze – Frisch gecraftet	9783739222394
Minecraft Rätselbuch (8-14 Jahre)	9783739218267
Minecraft Rätselbuch II (8-14 Jahre)	9783739246130
Minecraft Offline Spiele (8-14 Jahre)	9783738647204
Minecraft Quizbuch	9783839130797
Minecraft Quizbuch II	9783839130810
Minecraft Rekordebuch	9783739229638
Minecraft Mathe Ausmalbuch	9783739229744
Minecraft Hausaufgabenbuch	9783732232833
Minecraft: Unter der Herrschaft Roms - Aufstand in Germanien (Roman) (8-99 Jahre)	9783741238369
Minecraft: Eiszeitjäger - Auf der Fährte des Löwen (Roman) (8-99 Jahre)	9783741207211
Minecraft Notizbuch (liniert)	9783738628852
Minecraft Notizbuch Enderdragon (Spielebogenpapier für Minecraft Offline Spiele)	9783739228709
The Walking Dad Witzebuch (12-16 Jahre)	9783739213507
Weltbester Radfahrer - Notizbuch	9783738610161
Weltbester Inline Skater - Notizbuch	9783738610178
Weltbester Skifahrer - Notizbuch	9783738610185
Weltbester Snowboarder - Notizbuch	9783738610192
Weltbester Sportler - Notizbuch	9783738610208
Weltbester Surfer - Notizbuch	9783738610215
Weltbester Taucher - Notizbuch	9783738610222
Weltbester Tennisspieler - Notizbuch	9783738610239
Weltbester Volleyballer - Notizbuch	9783738610246
Weltbester Wassersportler - Notizbuch	9783738610253

Und noch mehr Bücher von Theo von Taane:

Weitere Pokémon GO Bücher von Theo von Taane:

Pokemon GO - Pikachu Notizbuch ISBN: 9783741242717
Pokémon GO – Das Witzebuch   ISBN: 9783741267147
Pokemon GO – Das Quizbuch   ISBN: 9783741267161

Pokemon GO – Team Rot Notizbuch ISBN: 9783741252488
Pokemon GO – Team Gelb Notizbuch ISBN: 9783741265211
Pokemon GO – Team Blau Notizbuch ISBN: 9783741265235

…weitere Titel verfügbar und aktuell in Vorbereitung.

Von Theo von Taane gibt es weit mehr als 200 Witzebücher, Notizbücher, Romane, Spiele, Tools, Sportbücher und Kalender.
Im Store einfach mal nach „Taane" suchen.

Viel Spaß!!